GIGANTES
Uvas
y LANGOSTAS

De la abundancia de tu
corazón habla tu boca.

ISBN: 978-1-59684-715-6

Impreso en los Estados Unidos de América
Traducción al español: Déborah Enid Ortiz Rivera
Ministerios Hispanos/Editorial Evangélica

PRÓLOGO

¡Vivimos en un momento increíble de la historia! Nunca antes hubo tantas oportunidades para el crecimiento, la mentoría y el discipulado cristiano.

Discipulado Internacional de Mujeres ha iniciado la serie, *Aviva el poder*, con el deseo sincero de ofrecer estudios bíblicos y pentecostales de calidad, así como una vía para el crecimiento cristiano por medio de nuestra campaña de discipulado. *Aviva el poder* se concentra en el acróstico PODER:

P   Palabra

O   Oración y alabanza (eucaristía, 'dar gracias', Filipenses 4:11-12)

D   Demostración (alcanzar a nuestras comunidades; ser una bendición en las misiones)

E   Efectuar cambios en nuestras vidas y en las de aquellos que nos rodean (mediante la rendición de cuentas y el pacto espiritual)

R   Relaciones (evangelismo amistoso) y arrepentimiento

Aviva el Poder anima a las mujeres a que escriban sobre su andar **Poderoso** para que mediten en sus victorias, pensamientos, reciban la dirección que necesitan en su presente y dejen un legado y testimonio de la gracia de Dios para las generaciones venideras. Ordene su diario a través de Discipulado Internacional de Mujeres o *Pathway Press*.

Rhonda K. Holland, mi amiga y mentora, es autora de *Gigantes, Uvas y Langostas*. Encontrará que su enseñanza es inspiradora, refrescante y alentadora.

Rhonda usa sus testimonios para desafiarnos a que vayamos más allá. La enseñanza ungida que recibirá a través del DVD y el estudio bíblico la llevarán en un viaje para que se vea a sí misma como la ve Dios.

Quiero darle las gracias a Annette Alsobrooks de Ballew Graphics por el diseño de la portada de este libro; Editorial Evangélica y el Dr. Carlos Morán por unírsenos en este proyecto y creer en nuestra pasión por brindarles recursos para el discipulado a las congregaciones hispanas; Déborah Enid Ortiz Rivera de Ministerios Hispanos/Editorial Evangélica por traducir el libro del inglés al español; a mi esposo, David, por su amor y apoyo mientras desarrollaba este sueño; a Lenae Simmons, secretaria de mi esposo, por su entusiasmo y apoyo durante la filmación del DVD y el proceso del proyecto y sobre todo, a mi ayudante, Pamela Kay Overbey, por su diligencia en la edición de este proyecto de principio a fin.

Mi oración es que Dios encienda su PODER dentro de usted y que cada persona involucrada en la campaña de discipulado, *Aviva el poder*, sea desafiada a profundizar su andar espiritual.

—Lorna V. Gosnell
Coordinadora de Discipulado de Mujeres
Internacional

GIGANTES, UVAS Y LANGOSTAS
El poder del fruto y la alabanza en la vida de una creyente

by Rhonda K. Holland

Introducción

Hace varios años, iba conduciendo en la noche a lo largo de un tramo de autopista. Llevábamos varias horas en la carretera y estaba buscando una emisora de radio que me ayudara a mantenerme despierta al volante. Mi esposo, a mi lado, y mis hijos en el asiento de atrás, iban profundamente dormidos, cuando al final encontré una emisora cristiana que me llamó la atención. La señal no era clara, pero oí la voz como de un anciano que estaba predicando bajo la dulce unción del Espíritu Santo de Dios. No escuché su nombre ni supe desde dónde estaba transmitiendo, pero nunca olvidaré lo que dijo: "Cualquiera grita de júbilo en el desierto después de haber obtenido su milagro. Cualquiera canta y danza en la arena caliente como María, después de haber visto la respuesta a su oración. Pero solamente aquella que conoce a Dios, que tiene una relación real con él, que oye su voz y le toma la palabra, agarra el pandero y canta sus alabanzas antes de que se abra el mar Rojo". Luego su voz se desvaneció y no alcancé a oír el final de ese poderoso sermón. No obstante, recibí el mensaje, aunque en ese entonces no tenía ni idea de cómo afectaría mi vida con el transcurso de los años.

Mientras manejaba, empecé a reflexionar sobre lo que había oído. Me imaginé a los hijos de Israel parados sobre la arena caliente del desierto. Los vi rodeados por las montañas, al ejército del faraón

aproximándose por la retaguardia y el mar Rojo lamiendo la orilla. ¿Se ha sentido así? ¿Se ha preguntado, *cómo saldré de este enredo? ¿Por qué estoy aquí? ¿Lograré superarlo? ¿Cómo habría reaccionado? ¿Hubiera caído de rodillas en la arena y rogado por la ayuda de Dios? ¿O hubiera sido lo suficientemente fuerte como para elevar mi voz en alabanza, a pesar de los temores?*

Me pregunto qué habría sucedido si María hubiera agarrado su pandereta y entonado alabanzas a Dios *antes* de que hubiera presenciado el increíble milagro de la partición del mar Rojo. ¿Qué hubiera sucedido si a pesar de sus temores, hubiera empezado un "culto de alabanza"? ¿Y si hubiera entonado un cántico poderoso en medio del calor de la batalla? Si los hijos de Israel, dirigidos por el dulce canto de una mujer de fe, hubieran elevado sus corazones en alabanza a Dios, ¿qué habría sucedido en el trono del cielo?

¿Qué hace que una persona responda con alabanza en medio de una batalla? ¿Qué les da un corazón de fe para ver más allá de sus problemas, sus percepciones e irrumpir en alabanza?

Hágase estas preguntas: ¿cómo leerá mi historia? ¿Seré recordada como esa que alababa a Dios cuando las cosas estaban bien? ¿O le creeré a Dios antes de ver el resultado de su intervención? ¿Seré recordada como esa que alababa a pesar de la situación? ¿Veo problemas o promesas en el valle? ¿Me veo como víctima o vencedora? *¿Cómo entonaré un cántico de alabanza en medio de este valle oscuro?*

Sin duda, María entonó una alabanza genuina y su corazón se desbordó en gratitud por el increíble milagro de la partición del mar Rojo. Dios aceptó su

ofrenda y gozo. Pero las palabras que escuché de ese ministro hace tantos años, todavía resuenan en mi corazón: *Cualquiera puede alabar a Dios después de ver abierto el mar Rojo*. Entonces, ¿qué distingue a la creyente que calla su alabanza cuando surge una prueba, de aquella que continúa alabando en medio de las tormentas de esta vida, que nunca es silenciada por las dificultades y las angustias?

Mi oración es que encontremos la respuesta al final de este estudio bíblico.

Primera semana

VERDAD PODEROSA

Primera semana
VERDAD PODEROSA
Fructífera o Malhumorada

Siempre tenga presente el fin de la vida malhumorada: las quejas llevan a las concesiones; las concesiones producen autocomplacencia; la autocomplacencia conduce a la carnalidad. Pero la vida fructífera produce alabanza y de ahí sigue la promesa, la paz, el poder y la provisión de Dios.

Esta semana saque tiempo para meditar en Gálatas 5:22-23:

> Pero el fruto del Espíritu es amor, gozo, paz, paciencia, benignidad, bondad, fe, mansedumbre, templanza; contra tales cosas no hay ley.

Escudriñe su corazón y pídale a Dios que la guíe hacia una relación más profunda, de manera que su vida lleve más fruto del Espíritu.

¡No esté malhumorada, lleve fruto!

Primera semana

ESTUDIO: FRUCTÍFERA O MALHUMORADA

Primera semana
FRUCTÍFERA O MALHUMORADA
Números 13-14:38

¿Qué distingue a la creyente que calla su alabanza cuando surge una prueba, de aquella que continúa alabando en medio de las tormentas de esta vida, que nunca es silenciada por las dificultades y las angustias? La respuesta está en su corazón. *¿Soy fructífera o malhumorada?*

Echemos un vistazo a la lista tan conocida del "fruto":

> Mas el fruto del Espíritu es amor, gozo, paz, paciencia, benignidad, bondad, fidelidad, mansedumbre, dominio propio; contra tales cosas no hay ley (Gálatas 5:22-23, LBA).

Los tres primeros (amor, gozo y paz) tratan sobre nuestra actitud hacia Dios. La paciencia, benignidad y bondad afectan el trato con los demás. La fidelidad, mansedumbre y el dominio propio rigen nuestra conducta como cristianas. Todos son importantes y necesarios para la formación del carácter de una creyente. Todos juegan un papel vital en el mantenimiento de una alabanza poderosa y viva en la hora de la prueba y tribulación.

¿Cuál fruto del Espíritu domina y es más evidente a través de su personalidad?

La BONDAD y lamentable/ me falta mansedumbre.

trato de Amar mucho y creo ser bondadoss.

Dios contesta la oración y siempre podemos sobrellevar todo y obtener victoria en Dios. Con la ayuda de Dios.

¿Cuál fruto del Espíritu carece y debe cultivar en su vida?

Ejercer el dominio propio (El yo propio)
La comida - La bebida y La mansedumbre debo controlarlo para si no se active)
Todo lo puedo en Cristo si me fortalece Fil. 4-13 Arrodillarme y Castigar esta carne es lo q' debo hacer.

¿Alguna vez ha estado cerca de una hermana que lleve muchos años en los caminos del Señor? Si

Podemos aprender de los creyentes que han soportado las pruebas y tribulaciones de la vida. Su espíritu gentil y carácter pacífico son refrescantes. Su compañía es como la sombra de un roble enorme, junto a un arroyo tranquilizador, en un día caliente. Usted sale fortalecida y animada. ¿Por qué? Porque "probó" el fruto que su espíritu ha cultivado durante años. Basta con escucharles hablar sobre la fidelidad de Dios y su amor para llenarse de gozo. Hasta su silencio transmite paz. Me encanta estar cerca de los santos que han permanecido fiel y resistido el dolor de las tormentas, tristeza, enfermedad y situaciones. Su carácter *mejoró* en lugar de *amargarse* con cada prueba. ¿Cuál es su secreto? Han aprendido a soportar como buenos soldados, a ser vencedores a través de la *Palabra* y su *adoración*. En sus corazones llevan el fruto del Espíritu y siempre tienen una alabanza a flor de labios. Han vivido como adoradores fructíferos. No viven de apariencias. Su alabanza es sincera, porque no depende de lo que puedan "sacarle" a Dios. Alaban con gusto porque lo *conocen*. Conocerlo es amarlo. Una relación con Dios produce una vida de alabanza y fruto.

Piense en alguien que demuestra el fruto del Espíritu en su andar con Dios. Usted verá una vida que está llena de alabanza y gratitud. ¡Qué maravilloso testimonio de aliento para los demás! *Propongámonos vivir con alabanza y fruto.*

QUIERO LLEVAR FRUTO Y NO ESTAR
MALHUMORADA.

El Antiguo Testamento tiene una poderosa lección para nosotras en la conocida historia de Josué y Caleb, los espías héroes que vieron lo que Dios esperaba que vieran. Fueron los únicos espías que regresaron de la Tierra Prometida con una perspectiva positiva. Abra su Biblia en el capítulo 13 de Números y leamos este pasaje.

En este capítulo, el Señor le dice a Moisés que envíe a un hombre por cada tribu (un líder, v. 2) a espiar la tierra de Canaán (v. 17). Caleb provenía de la tribu de Judá (v. 6) y Josué (también conocido como Oseas) (v. 8) de la tribu de Efraín. *¿Por qué importa ese detalle?* Todo cuenta. En ocasiones tenemos una historia detrás del mensaje obvio, como sucede en este pasaje. Caleb provenía de *Judá*, nombre que significa 'alabanza' y Josué era de la tribu de *Efraín*, que significa 'fructífero o fecundo'. *Josué y Caleb representan "el fruto y la alabanza".* Los creyentes que "llevan fruto" son "adoradores". Fíjese en Números 13:23:

> Llegaron hasta el arroyo Escol y allí cortaron un sarmiento con un racimo de uvas, el cual llevaron entre dos en un palo, y también granados e higos...

Los espías trajeron una fruta increíble: uvas, granadas e higos que comprobaban la promesa de Dios. El problema fue que no llevaban el "fruto" en su interior. El Antiguo Testamento es una sombra del Nuevo Testamento. Tenemos que llevar el fruto del Espíritu para que nuestra vida agrade a Dios. Y una vida fructífera siempre ve la promesa y mantiene la alabanza en el corazón. ¿Por qué? Porque los creyentes que han permitido que el Espíritu Santo

desarrolle su fruto en sus corazones, solamente ven al Proveedor, al Dador de paz en la tormenta. Y en este caso, ¡ven las uvas en lugar de a los gigantes!

Escriba una oración simple, de corazón, para que Dios le ayude a mantener su mirada en él a pesar de los problemas. Pídale que le ayude a ver la promesa, no el problema, ¡las uvas en lugar de los gigantes!

_____
_____
_____
_____
_____
_____
_____
_____
_____
_____
_____
_____
_____
_____
_____
_____
_____
_____
_____
_____
_____
_____
_____
_____

_____

_____

_____

_____

Ahora, tomemos la *perspectiva* de Caleb, que no cambió después de haber escuchado las opiniones de los dudosos.

También les contaron: «Nosotros llegamos a la tierra a la cual nos enviaste, la que ciertamente fluye leche y miel; éstos son sus frutos. Pero el pueblo que habita aquella tierra es fuerte, y las ciudades muy grandes y fortificadas; también vimos allí a los hijos de Anac. Amalec habita el Neguev; el heteo, el jebuseo y el amorreo habitan en el monte; el cananeo habita junto al mar y a la ribera del Jordán» (Números 13:27-29).

Recuerde, Caleb provenía de la tribu de Judá y representa la alabanza.

Entonces Caleb hizo callar al pueblo delante de Moisés, y dijo: «Subamos luego, y tomemos posesión de ella, porque más podremos nosotros que ellos» (v.30).

La Palabra dice que Caleb "hizo callar al pueblo". *La alabanza siempre es positiva. La verdadera alabanza siempre calla las voces negativas, porque torna la atención hacia Dios.* Entonces, Caleb dijo: «Subamos luego, y tomemos posesión de ella, porque más podremos nosotros que ellos». Nótese la gran diferencia entre su punto de vista y el de los diez espías.

Pero los hombres que subieron con él dijeron: No podemos subir contra aquel pueblo, porque es más fuerte que nosotros (v. 31).

La alabanza siempre es positiva. La verdadera alabanza siempre calla las voces negativas, porque torna la atención hacia Dios.

En medio de la prueba debemos mirar a Dios.

Con esto en mente, ¿por qué debe mantener la alabanza en su vida?

_____
_____
_____
_____
_____
_____
_____
_____
_____
_____
_____
_____
_____
_____

¿Y qué dice Josué? *Recuerde que Josué era de la tribu de Efraín, que representa* el fruto. *Josué y Caleb, sin temor ni reserva, hablaron con fe sobre el poder de Dios para darles lo prometido.*

Lea Números 14:6-9:

Allí estaban también Josué hijo de Nun y Caleb hijo de Jefone, los cuales habían participado en la exploración de la tierra. Ambos se rasgaron las vestiduras en señal de duelo y le dijeron a toda la comunidad israelita: La tierra que recorrimos y exploramos es increíblemente buena. Si el Señor se agrada de nosotros, nos hará entrar en ella. ¡Nos va a dar una tierra donde abundan la leche y la miel! Así que no se rebelen contra el Señor ni tengan miedo de la gente que habita en esa tierra. ¡Ya son pan comido! No tienen quién los proteja, porque el Señor está de parte nuestra. Así que, ¡no les tengan miedo! (NVI)

Josué y Caleb instruyeron al pueblo a creerle a Dios, a ver sus promesas y no tener miedo.

La alabanza y el fruto son una combinación poderosa en la vida de un creyente. Siempre van juntos. El fruto del Espíritu produce una alabanza genuina, la cual a su vez aumenta el fruto del Espíritu. A medida que el fruto florece en el corazón de los creyentes, entendemos, conocemos y amamos más a Dios. Nuestro carácter cambia, nos parecemos más a Cristo. *Nuestra alabanza aumenta* en la medida en que *cultivamos* más amor, gozo, paz, paciencia, benignidad, bondad, fidelidad, mansedumbre, dominio propio. La alabanza nos mantiene enfocadas en Dios. Esa conciencia de su gloria y su poder agita nuestra hambre espiritual. Las promesas de la Palabra fortalecen nuestra paz y fe y cambian nuestra perspectiva. Vemos al Proveedor en lugar del problema. Somos vencedoras, no víctimas. ¡Qué bendición es andar llena de fruto y alabanza!

Las que oyen y ven la prueba del fruto, también son consoladas y fortalecidas.

LAS PROMESAS DE LA PALABRA FORTALECEN NUESTRA PAZ Y FE Y CAMBIAN NUESTRA PERSPECTIVA. VEMOS AL PROVEEDOR EN LUGAR DEL PROBLEMA. SOMOS VENCEDORAS, NO VÍCTIMAS.

¿Por qué debe basar su perspectiva en la Palabra de Dios?

_____
_____
_____
_____
_____
_____
_____
_____
_____
_____
_____
_____

Ahora retomamos la pregunta que inició este estudio. *¿Qué distingue a la creyente que calla su alabanza cuando surge una prueba, de aquella que continúa alabando en medio de las tormentas de esta vida, que nunca es silenciada por las dificultades y las angustias?* ¿Por qué algunas se ponen de *mal humor* cuando ven a los *gigantes*? ¿Qué les roba el gozo de

la alabanza que nace de nuestro conocimiento de Dios y sus obras en el pasado? Creo que la diferencia entre ser fructífera o malhumorada, está en la perspectiva.

Pongámonos en el lugar de los israelitas. *¿Cómo veo a los gigantes, las uvas y langostas en mi situación?* ¿Cómo veo a los *gigantes* (problemas), las *uvas* (promesas y provisión) y las *langostas* (mi autoestima) en tiempos de crisis?

A veces la tormenta nos desenfoca. En lugar de ver al Dador de la paz, vemos la situación, el dolor, la enfermedad, el pecado, "esa" fuente de nuestro dolor, en lugar de Aquel que es capaz de calmar nuestro corazón turbulento. Ese cambio provoca que nos veamos como *víctimas* en lugar de *vencedoras* y afectamos la opinión de los demás. Las actitudes son contagiosas.

Pregúntese (y sea honesta consigo misma): ¿Propago una actitud negativa con mis quejas o me esfuerzo por animar a las demás (y a mí misma) con una opinión positiva? Sabemos que las palabras y la actitud de una persona *pueden desviarnos o inspirarnos a entrar en acción*. Pídale a Dios que le ayude a tener una actitud imitable. Haga la diferencia con sus palabras y actitudes.

MIS PALABRAS PUEDEN HACER QUE ALGUIEN CAMBIE SU PLAN DE BATALLA Y SE RINDA O QUE COBRE ÁNIMO Y ARREMETA CON FE.

Números 13:32 dice: «Y dieron un mal informe a los hijos de Israel…» (LBA).

Esta opinión estaba vinculada con la imagen que tenían de sí mismos de frente al Enemigo. Lea el versículo 33 y vea la mentalidad de los diez espías que dudaron de Dios: «También vimos allí gigantes [*el problema*]…éramos, a nuestro parecer, como langostas [*se veían como víctimas, no como vencedores; como debiluchos en lugar de guerreros*], y así les parecíamos a ellos».

Proverbios 23:7 nos dice que el hombre actúa como piensa. Recuerde que son los mismos espías que declararon en Números 13:27: «Nosotros llegamos a la tierra a la cual nos enviaste, la que ciertamente fluye leche y miel; éstos son sus frutos». Pero en lugar de ver la provisión y acordarse del poder de Dios y sus promesas, se enfocaron en sus temores. *Tenían fe en sus temores*.

¿Alguna vez ha tenido "fe en sus temores"? Creyó que la batalla terminaría destruyéndola a usted o a sus seres queridos. Parecía que sus sueños estaban destrozados, la esperanza escaseaba, pero aumentaban los temores. Todas lo hemos vivido. Tal vez usted se encuentra en esa situación. No quiero avergonzarla ni que sienta que ha fallado. Antes bien, reconozca que el Enemigo quiere mantener su miedo para que no confíe en Dios y su Palabra. Si queremos derrotarlo, tenemos que reconocer sus estratagemas.

SEÑOR, AYÚDANOS A VER LA TRAMA DEL ENEMIGO Y A RECONOCER TU PLAN. TU PLAN ES BUENO Y LO CREO. AYÚDAME A VENCER MIS TEMORES POR MEDIO DE TU PALABRA, TUS PROMESAS Y PROPÓSITOS PARA MI VIDA.

En Números 14:1-2 encontramos el cuadro lamentable de los hijos de Israel, gritando y llorando por el informe negativo de los espías. En su queja estaban dispuestos a hacer concesiones. Pensaron en regresar a Egipto (v. 4), símbolo del mundo y sus caminos. Aunque fueron libertados milagrosamente de la esclavitud, estaban dispuestos a volver a sus opresores. Esa mentalidad produjo una complacencia sobre las promesas que habían escuchado de parte de Dios. De ahí cayeron en la carnalidad y al final muchos murieron espiritual y literalmente. La complacencia condujo a la carnalidad. Vuelva a leer Números 14:21-38. Josué y Caleb tenían un lugar asegurado en la Tierra Prometida, pero los que dudaron fueron juzgados.

Pero tan ciertamente como vivo yo y mi gloria llena toda la tierra que ninguno de los que vieron mi gloria y las señales que he hecho en Egipto y en el desierto, los que me han tentado ya diez veces y no han oído mi voz, verá la tierra que juré dar a sus padres; no, ninguno de los que me han irritado la verá. Pero a mi siervo Caleb, por cuanto lo ha animado otro espíritu y decidió ir detrás de mí, yo lo haré entrar en la tierra donde estuvo, y su descendencia la tendrá en posesión. Ahora bien, el amalecita y el cananeo habitan en el valle; volveos mañana y salid al desierto, camino del Mar Rojo. Jehová habló a Moisés y a Aarón, y les dijo: ¿Hasta cuándo soportaré a esta depravada multitud que murmura contra mí? Ya he oído las querellas de los hijos de Israel que de mí se quejan. Diles: Vivo yo, dice Jehová, que según habéis hablado a mis oídos, así haré yo con vosotros. En este desierto caerán vuestros cuerpos, todo el número de los que fueron contados de entre vosotros, de veinte años

para arriba, los cuales han murmurado contra mí.
A excepción de Caleb hijo de Jefone y Josué hijo
de Nun, ninguno de vosotros entrará en la tierra por
la cual alcé mi mano y juré que os haría habitar en
ella. Pero a vuestros niños, de los cuales dijisteis
que se convertirían en botín de guerra, yo los
introduciré, y ellos conocerán la tierra que vosotros
despreciasteis. En cuanto a vosotros, vuestros
cuerpos caerán en este desierto. Vuestros hijos
andarán pastoreando en el desierto cuarenta años, y
cargarán con vuestras rebeldías, hasta que vuestros
cuerpos sean consumidos en el desierto. Conforme
al número de los días, de los cuarenta días que
empleasteis en reconocer la tierra, cargaréis con
vuestras iniquidades: cuarenta años, un año por
cada día. Así conoceréis mi castigo. Yo, Jehová,
he hablado. Así haré a toda esta multitud perversa
que se ha juntado contra mí. En este desierto serán
consumidos, y ahí morirán. Los hombres que Moisés
envió a reconocer la tierra, y que al volver habían
hecho murmurar contra él a toda la congregación,
desacreditando aquel país, aquellos hombres que
habían hablado mal de la tierra, murieron de plaga
delante de Jehová. Pero Josué hijo de Nun y Caleb
hijo de Jefone quedaron con vida de entre aquellos
hombres que habían ido a reconocer la tierra.

*Siempre tenga presente el fin de la vida
malhumorada: las quejas llevan a las concesiones;
las concesiones producen autocomplacencia; la
autocomplacencia conduce a la carnalidad. Pero
la vida fructífera produce alabanza y de ahí sigue
la promesa, la paz, el poder y la provisión de Dios.*

¿Qué camino tomará hoy?

No esté malhumorada: lleve fruto.

Dese el tiempo para escribir sus pensamientos. Sea honesta consigo misma. Por momentos será fuerte en la batalla. También llegará la desesperación, la imposibilidad de ver más allá del dolor o los problemas. Mientras escribe, pregúntele a Dios que le ayude a entender qué provoca su fortaleza y su debilidad. Quizá está enfocándose en sus *gigantes* o ha olvidado quién es Dios. Por eso se ve como una *langosta* delante del Enemigo. Repase la oración que escribió al principio de este estudio y pídale a Dios que le ayude a mantener su *mirada en él, a dar fruto y vencer el temor*.

En la próxima lección, discutiremos qué puede hacer para superar sus temores y derrotar sus pensamientos negativos. Discutiremos el tema, *preocupación versus adoración* y con la Palabra de Dios derribaremos las fortalezas mentales.

Segunda semana

VERDAD PODEROSA

Segunda semana
VERDAD PODEROSA
Preocupación versus adoración

El fruto va de la mano con la alabanza. Se fortalecen mutuamente. Sin embargo, la adoración no coexiste con la preocupación. De igual manera, la adoración erradica la ansiedad.

Durante esta semana medite en este pasaje:

> Aunque andamos en la carne, no militamos según la carne, porque las armas de nuestra milicia no son carnales, sino poderosas en Dios para la destrucción de fortalezas, derribando argumentos y toda altivez que se levanta contra el conocimiento de Dios, y llevando cautivo todo pensamiento a la obediencia a Cristo, y estando prontos a castigar toda desobediencia, cuando vuestra obediencia sea perfecta (II Corintios 10:3-6).

Mientras medita en las instrucciones dadas en estos versículos, propóngase derribar cualquier fortaleza de ansiedad que tenga en el corazón. Reemplace esa preocupación con adoración. Así aumentarán su gozo y fuerza.

Segunda semana

ESTUDIO: PREOCUPACIÓN VERSUS ADORACIÓN

Segunda semana
PREOCUPACIÓN VERSUS ADORACIÓN
II Corintios 10:3-6

¿Se preocupa por todo? Vamos, diga la verdad. Confiese que dedica una buena parte de su tiempo y desperdicia las neuronas valiosas de su cerebro en preocupaciones. Como dicen: "Seguiré preocupándome porque funciona. Ninguna de mis preocupaciones tiende a materializarse".

La verdad es que la preocupación la llevará a un lugar que llamo, "el valle de la preocupación". ¡Qué mucho tiempo pasamos en ese lugar imaginario! Ese valle la llevará por senderos torcidos y veredas oscuras y aterradoras: ¿Y si esta enfermedad es grave? ¿Y si mi hijo nunca acepta a Cristo? ¿Y si mi esposo me deja? ¿Y si pierdo el trabajo? ¿Y qué dirá la gente? ¿Y si se enteran de mi pasado? ¿Y...y...y...?

Ese valle está habitado por unos cuantos espíritus demoníacos y malignos (algunos *gigantes* personales). Estos gigantes la atormentarán con una serie de pensamientos crueles. Satanás se especializa en el poder de la sugestión. Es una de sus mejores armas en contra de los creyentes. Le abrimos la puerta cada vez que aceptamos sus sugerencias y caemos en el valle de la preocupación. Entonces viene y edifica una fortaleza.

¿Cuáles son algunos de sus "qué pasaría si..."?

Piense en su valle. ¿Cómo lo llamaría?

_____

_____

_____

_____

_____

_____

_____

El fruto va de la mano con la alabanza. Se fortalecen mutuamente. Sin embargo, la adoración no coexiste con la preocupación. De igual manera, la adoración erradica la ansiedad.

LA ALABANZA Y EL FRUTO SON INSEPARABLES.

Imagínese la amistad de Josué y Caleb durante los años en el desierto. Sin duda tuvieron que animarse mutuamente. *La alabanza y el fruto se alimentan el uno del otro*. Me imagino que cuando Josué estaba fatigado, acudía a Caleb para que le recordara las promesas de Dios. Luego Caleb necesitaba que Josué lo consolara con el mensaje de Dios al comienzo de su travesía por el desierto.

Algo similar ocurre con nosotras. El fruto del Espíritu produce alabanza y viceversa. Hay días en que dependemos del fruto para soportar la prueba. Un poquito de paciencia, otro tanto de mansedumbre, una

combinación de amor con un dulce canto de alabanza y de repente encuentras el descanso de la paz de Dios.

Entonces, ¿cómo superamos nuestros temores y derrotamos los pensamientos negativos, de modo que alabemos y llevemos fruto?

Empecemos con este poderoso pasaje de la Escritura, que se encuentra en II Corintios 10:3-6.

> Aunque andamos en la carne, no militamos según la carne, porque las armas de nuestra milicia no son carnales, sino poderosas en Dios para la destrucción de fortalezas, derribando argumentos y toda altivez que se levanta contra el conocimiento de Dios, y llevando cautivo todo pensamiento a la obediencia a Cristo, y estando prontos a castigar toda desobediencia, cuando vuestra obediencia sea perfecta.

Leamos la *Nueva Traducción Viviente*:

> Somos humanos, pero no luchamos como lo hacen los humanos. Usamos las armas poderosas de Dios, no las del mundo, para derribar las fortalezas del razonamiento humano y para destruir argumentos falsos. Destruimos todo obstáculo de arrogancia que impide que la gente conozca a Dios. Capturamos los pensamientos rebeldes y enseñamos a las personas a obedecer a Cristo; y una vez que ustedes lleguen a ser totalmente obedientes, castigaremos a todo el que siga en desobediencia.

Resulta interesante que Pablo nos instruya primero a refutar y desmentir todo argumento, las teorías y los razonamientos, toda altivez que se levanta contra el conocimiento de Dios, para que derribemos las fortalezas. Nos dice que llevemos

cautivo cada pensamiento en obediencia a Cristo. La fortaleza empieza a formarse cada vez que aceptamos un pensamiento contradictorio sobre el carácter de Dios, su Palabra y poder. Debemos filtrar nuestros pensamientos a través de su Palabra.

Confieso que a veces, o mejor dicho, *casi siempre*, es más fácil decirlo que hacerlo. Tan pronto surge una situación abrumadora (enfermedad, tristeza o alguien nos hiere) es difícil mirar hacia el lado y evitar la preocupación. Vemos nuestro mar Rojo, ese "gigante" *que el Diablo ha diseñado a nuestra medida*, que impide que salgamos del valle de la preocupación y tomemos posesión de la Tierra Prometida. No es natural ni fácil que levantemos las manos y entonemos un canto de alabanza. La reacción natural es...preocuparse.

¿Cuáles son algunos de los pensamientos que debe "cautivar"?
¿Qué está construyendo en su mente el Enemigo?

_____
_____
_____
_____
_____
_____
_____
_____
_____
_____
_____
_____
_____
_____

_____

_____

_____

_____

Vayamos a Mateo 6:25-34:

Por tanto os digo: No os angustiéis por vuestra vida, qué habéis de comer o qué habéis de beber; ni por vuestro cuerpo, qué habéis de vestir. ¿No es la vida más que el alimento y el cuerpo más que el vestido? Mirad las aves del cielo, que no siembran, ni siegan, ni recogen en graneros; y, sin embargo, vuestro Padre celestial las alimenta. ¿No valéis vosotros mucho más que ellas? ¿Y quién de vosotros podrá, por mucho que se angustie, añadir a su estatura un codo? Y por el vestido, ¿por qué os angustiáis? Considerad los lirios del campo, cómo crecen: no trabajan ni hilan; pero os digo que ni aun Salomón con toda su gloria se vistió como uno de ellos. Y si a la hierba del campo, que hoy es y mañana se quema en el horno, Dios la viste así, ¿no hará mucho más por vosotros, hombres de poca fe? No os angustiéis, pues, diciendo, ¿qué comeremos, o qué beberemos, o qué vestiremos?, porque los gentiles se angustian por todas estas cosas, pero vuestro Padre celestial sabe que tenéis necesidad de todas ellas. Buscad primeramente el reino de Dios y su justicia, y todas estas cosas os serán añadidas. Así que no os angustiéis por el día de mañana, porque el día de mañana traerá su propia preocupación. Basta a cada día su propio mal.

Este pasaje, tan poderoso y familiar, es un gran consuelo para nosotras. Jesús está diciéndole a sus seguidores que no tienen razón para preocuparse. Nos recuerda que estamos bajo el cuidado y el amor de nuestro Dios.

Jesús no quiere que pensemos que nuestros problemas no son importantes. Después de todo, Dios cuenta los cabellos de nuestra cabeza, ordena nuestros pasos, recoge nuestras lágrimas, oye nuestras oraciones, conoce nuestros pensamientos de antemano y tiene un plan para nuestras vidas. Se preocupa por los detalles más pequeños. No está menospreciando la realidad de nuestros problemas, sino recordándonos que Dios es bueno. Recuerde que debemos "mantener la mirada en Dios" y "filtrar nuestros pensamientos" a través de la Palabra. Debemos ver su amor y capacidad para lidiar con cada situación. Todos los días debemos alimentarnos con su Palabra para que nuestros pensamientos armonicen con Dios. *Debemos enfocarnos en nuestro Padre increíble en vez de las circunstancias temporales.*

¡DIOS ES TAN BUENO Y SE INTERESA EN USTED!

¿Qué siente al saber que Dios se preocupa por usted?

_____

_____

_____

_____

_____

_____

_____

_____

_____

_____

_____

_____

_____

_____

_____

Medite en este versículo: «La ansiedad en el corazón del hombre lo deprime, mas la buena palabra lo alegra» (Proverbios 12:25, LBA).

¡Qué versículo tan poderoso! La ansiedad (preocupación) en el corazón provoca depresión. ¡Es cierto! Todas hemos sufrido el dolor y las presiones de un corazón cargado. *Este versículo expresa el problema y la solución.* ¿Qué calma mi ansiedad? ¿Qué remueve la preocupación de mi corazón? Una buena palabra, su Palabra. *Jesús es el Verbo encarnado.*

> En el principio era el Verbo, el Verbo estaba con Dios y el Verbo era Dios…Y el Verbo se hizo carne y habitó entre nosotros lleno de gracia y de verdad; y vimos su gloria, gloria como del unigénito del Padre (Juan 1:1, 14).

Su Palabra sanará su corazón herido y remendará su espíritu quebrantado. Su Palabra callará al gigante. Su Palabra le dirá la Verdad y la librará de sus preocupaciones. Su Palabra cultivará el fruto del Espíritu en su corazón. Así cambiará sus expresiones de preocupación por adoración.

Cada vez que escucho los murmullos del gigante, acudo a mis dos pasajes favoritos: Hebreos 13:5-6 y el Salmo 27:1. *Sus sugerencias pierden poder cuando fijo la mirada en Jesús y filtro mis pensamientos a través de su Palabra.*

> Sean vuestras costumbres sin avaricia, contentos con lo que tenéis ahora, pues él dijo: «No te desampararé ni te dejaré». Así que podemos decir confiadamente: «El Señor es mi ayudador; no temeré lo que me pueda hacer el hombre» (Hebreos 13:5-6).

Analicemos los mismos versículos en *Nueva Traducción Viviente*:

> No amen el dinero [incluyendo la avaricia, codicia y el apetito por las posesiones terrenales]; estén contentos con lo que tienen [sus circunstancias y lo que posee], pues Dios ha dicho: «Nunca te fallaré. Jamás te abandonaré [ni te soltaré]». Así que podemos decir con toda confianza: «El Señor es quien me ayuda, por eso no tendré miedo [ni me acobardaré ni temblaré ni entraré en pánico]. ¿Qué me puede hacer un simple mortal?»?

¡Gloria a Dios! ¡Gloria a Dios! ¡Gloria a Dios! No tengo palabras para expresar mi agradecimiento. Mientras usted lee en voz alta, aprópiese de esas palabras: *"No va a fallarme ni dejarme sin apoyo. No lo hará. No lo hará. De ninguna manera me dejará indefensa ni desamparada. No me soltará. Claro que no. El Diablo es un mentiroso, veo mi promesa, no mi problema. En mi corazón estoy alabando a Dios. ¡Aleluya!".*

Recuerde: *Las sugerencias del gigante pierden poder cuando fijo la mirada en Jesús y filtro mis pensamientos a través de su Palabra.*

> Jehová es mi luz y mi salvación, ¿de quién temeré? Jehová es la fortaleza de mi vida, ¿de quién he de atemorizarme? (Salmo 27:1).

Recuerde Isaías 54:17: «Ninguna arma forjada contra ti, prosperará...». Este texto nos dice dos cosas: las armas serán forjadas. Espere una guerra. En segundo lugar, el resultado está arreglado. Todo saldrá bien. ¡Si Dios es por nosotras, nuestros enemigos están perdiendo el tiempo!

Analicemos algunas de las promesas poderosas de la Biblia. Dios nos recuerda una y otra vez que está presente y su poder está disponible para nosotras. Sus promesas son seguras. Nunca dejará que enfrentemos por nuestra cuenta al gigante.

> Pero Dios es mi socorro; el Señor es quien me sostiene (Salmo 54:4, NVI).

> No temas, porque yo estoy contigo; no desmayes, porque yo soy tu Dios que te esfuerzo; siempre te ayudaré, siempre te sustentaré con la diestra de mi justicia (Isaías 41:10).

> ¿Qué, pues, diremos a esto? Si Dios es por nosotros, ¿quién contra nosotros? (Romanos 8:31).

> Dios es nuestro amparo y fortaleza, nuestro pronto auxilio en las tribulaciones (Salmo 46:1).

Los versículos anteriores han inspirado paz y consuelo por generaciones. Mencione algunas de las razones por las que son de consuelo para usted.

| PREOCUPACIÓN VERSUS ADORACIÓN

Durante esta semana, busque un pasaje bíblico que se ajuste a alguna situación que la haya preocupado. No se enfoque en el dolor ni la ansiedad ni el problema, sino en el pasaje y léalo varias veces, hasta que se aferre a su corazón. *Fije su mirada en Dios y su Palabra. Filtre sus pensamientos* a través de su Palabra. Usted sentirá que la ansiedad es reemplazada por gozo y alegría. Anote ese pasaje y manténgalo vivo en su corazón.

En esta semana nos enfocaremos en la *adoración* en lugar de la *preocupación*, meditando en II Corintios 10:3-6 y recordando que debemos cautivar las teorías y los razonamientos, toda altivez que se levante contra el conocimiento de Dios. En la medida en que sigamos sus instrucciones, fortaleceremos nuestra alabanza y nos desharemos de las inquietudes. Reemplazamos con la Verdad las semillas de desaliento, temor, y preocupación que el Enemigo ha plantado en nuestra mente. La próxima semana estudiaremos a fondo cómo *entresacar* y *cultivar* nuestro espíritu.

Tercera semana

VERDAD PODEROSA

Tercera semana
VERDAD PODEROSA
Entresacar y cultivar

La meditación en la Palabra de Dios y su posterior aplicación, nos ayudan a entresacar los pensamientos malos y a cultivar los buenos. El fruto del Espíritu aumentará y su alabanza será verdadera.

Aplique las instrucciones de Filipenses 4:8:

> Por lo demás, hermanos, todo lo que es verdadero, todo lo honesto, todo lo justo, todo lo puro, todo lo amable, todo lo que es de buen nombre; si hay virtud alguna, si algo digno de alabanza, en esto pensad.

Lea este versículo y aplíquelo diariamente. Se sentirá animada y en ruta hacia las promesas de Dios.

Tercera semana

ESTUDIO: ENTRESACAR Y CULTIVAR

Tercera semana
ENTRESACAR Y CULTIVAR
Fillipenses 4:8; Salmo 19:14; Colosenses 3:15-17

Mi esposo y yo tenemos trasfondos distintos: él viene del campo y yo de la ciudad. Durante los primeros años de casados aprendí mucho de jardinería. Estaba interesada en algunas cosas y otras…bueno, no me quedó otro remedio. Mi suegro sabía cultivar un huerto. Lo tomaba bien en serio y producía cosas buenas. Recuerdo mi primer verano de recién casada en el campo. Mi amoroso suegro, sabía que me gustaban los vegetales frescos, así que dijo que pasaría a dejarme un "paquete de maíz fresco para la cena". Le dije que pasara a dejarlo y que, al regreso del trabajo, lo cocinaría para la cena.

Imaginen la sorpresa que me llevé al encontrarme con que su "paquete" contenía más de trescientas mazorcas (o elotes). Si hubiera tenido mensajes de texto, habría escrito "LOL". De más está decir que llamé a mi madre, quien vino desde la ciudad a ayudarme a limpiar el maíz. Me costó mucho trabajo, pero valió la pena. En el proceso, mi suegro me enseñó a *entresacar* las mazorcas malas y dejárselas a las vacas (les encanta, no les importa si están dañadas). En nuestro *jardín espiritual* también debemos *entresacar* unas cosas y *cultivar* otras.

De eso trata esta lección. Discutiremos "cómo entresacar la fruta mala", arrancar las mentiras del Enemigo y *cultivar* la Verdad en el suelo fértil de nuestro corazón, para que crezcan el fruto del Espíritu y la alabanza.

En primer lugar, debemos prestar oídos a la Palabra y descartar las mentiras que el Enemigo trata de sembrar en nuestro corazón. La semana pasada comentamos que debemos "derribar" las preocupaciones que impiden la adoración. Si fuera un jardín real, sería como arrancar de raíz la hierba mala. Tal vez cree que esos malos pensamientos han echado raíces profundas en su corazón, pero la Palabra de Dios y su dulce Espíritu Santo son capaces de labrar el suelo y sembrar la Palabra para que obtenga una cosecha hermosa.

¿Qué pudiera hacer en su vida personal para mejorar el crecimiento del fruto del Espíritu?

_____
_____
_____
_____
_____
_____
_____
_____
_____
_____
_____
_____

Ahora examinemos las instrucciones que encontramos en los siguientes versículos:

Por lo demás, hermanos, todo lo que es verdadero, todo lo honesto, todo lo justo, todo lo puro, todo lo amable, todo lo que es de buen nombre; si hay

virtud alguna, si algo digno de alabanza, en esto pensad (Filipenses 4:8).

Vuelva a escribir la lista de las cosas que deben ocupar su mente.

_____
_____
_____
_____
_____
_____
_____
_____
_____
_____
_____
_____
_____
_____
_____
_____

Tómese un momento y haga una lista de todo lo "amable" en su vida.

_____
_____
_____
_____
_____
_____
_____
_____
_____
_____
_____

_____

_____

_____

_____

Tal vez ha mencionado a su cónyuge, sus padres, hijos e hijas. Quizá ha sido bendecida con una amistad fiel y buena, una iglesia, un pastor o una pastora que la guían en las verdades de la Palabra de Dios o una mentora que le sirve de ejemplo. Quizá está agradecida por su empleo, hogar, salud. Como creyentes nos regocijamos en la esperanza de la vida eterna y las promesas de Dios. Todo lo bueno proviene de Dios. El hábito de pensar en lo *bueno* en lugar de lo *malo* es un arma poderosa contra el Enemigo. Pídale a Dios que la ayude a seguir las instrucciones de Filipenses 4:8.

Este mundo incierto representa un desafío formidable contra cualquier pensamiento verdadero, noble, justo, puro, hermoso y de buen nombre. No es lo que oye en las noticias ni en las series televisivas sobre el crimen ni en los dizques comedias. No trate de encontrarlo en el puesto de revistas mientras aguarda por su turno para pagar en el supermercado. ¿Dónde se encuentran esas cosas? Solamente en la Palabra de Dios.

Tenga por seguro que si lo deja, el Enemigo (su gigante) se pasará el día susurrándole palabras de desaliento al oído. El Diablo es astuto y utiliza los sucesos del día y las emociones descuidadas para agobiarnos con los afanes de esta vida. Tratará de que se olvide de meditar en la Palabra de Dios. En la lección anterior discutimos que de esa manera

comienza a edificar una fortaleza. Los pensamientos impuros (esos que contradicen la Palabra de Dios) producen el pecado. *Entresaque* aquellos que no le agradan a Dios. *Cultive* los que producen una buena cosecha.

EL DIABLO ES ASTUTO Y UTILIZA LOS SUCESOS DEL DÍA Y LAS EMOCIONES DESCUIDADAS PARA AGOBIARNOS CON LOS AFANES DE ESTA VIDA.

Vea la manera en que la Biblia describe al Diablo:

> El ladrón no viene sino para hurtar, matar y destruir; yo he venido para que tengan vida, y para que la tengan en abundancia (Juan 10:10).

El Enemigo la hará pensar en los sucesos actuales, tanto del mundo como en su vida personal, para asustarla y llenarla de ansiedad. Esas emociones descuidadas y esos pensamientos imprudentes minarán su fe. Es *astuto* y mata, roba y destruye el plan de Dios para su vida. Reconozca su complot y hágase de oídos sordos a sus mentiras. Crea y medite diariamente en la Palabra de Dios.

En ese mismo versículo, Jesús dice que él vino para que tengamos vida en abundancia. Quiere que experimentemos su gozo y paz todos los días. Una manera sencilla de llenarse de gozo es:

Ría   a menudo (un corazón alegre le hará bien) y **ame** a los demás.

Invierta	en la vida de otras personas (y así no caerá en la trampa de las emociones descuidadas).
Perdone	a sus ofensores (incluyéndose a usted misma).
Espere	grandes cosas por delante y **¡disfrute el viaje!**

¡Sean gratos los dichos de mi boca y la meditación de mi corazón delante de ti, Jehová, roca mía y redentor mío! (Salmo 19:14).

Meditación significa, 'aplicar con profunda atención el pensamiento a la consideración de algo, o discurrir sobre los medios de conocerlo o conseguirlo'. *Considerar* significa, 'reflexionar o examinar con atención una cosa'. *Distraer* significa, 'apartar la atención de alguien de una cosa, pensamiento o preocupación'. Muchas veces preferimos cualquier cosa a tener que acordarnos de nuestros problemas y batallas. Nos sentamos frente al televisor, la computadora o una buena novela para entretenernos. Pero esas cosas, que no siempre son pecaminosas, tampoco desarraigan las semillas plantadas por el Enemigo ni siembran el fruto del Espíritu. El meditar en la Palabra, ya sea al leerla o escuchando música que alaba a Dios, *arrancará* lo malo y cultivará lo bueno. De esa manera, se encaminará a la promesa y derrotará a su Enemigo.

No pasemos por alto esta frase tan importante del versículo: «Sean gratos los dichos de mi boca...». Nuestras palabras traen edificación o destrucción. Los comentarios negativos cambian nuestro entorno.

Recuerde el daño que sufrieron los israelitas tras haber escuchado a los diez espías dudosos. Nuestras palabras sanan o hieren, inspiran o mutilan. *Una palabra amable reconforta el alma y las emociones. Sea dulce.* Alguien necesita su amabilidad. Otros gustarán el fruto de su relación con Dios y saldrán fortalecidos. Más adelante hablaremos sobre el poder del discurso.

Y la paz de Dios gobierne en vuestros corazones, a la que asimismo fuisteis llamados en un solo cuerpo. Y sed agradecidos. La palabra de Cristo habite en abundancia en vosotros. Enseñaos y exhortaos unos a otros con toda sabiduría. Cantad con gracia en vuestros corazones al Señor, con salmos, himnos y cánticos espirituales. Y todo lo que hacéis, sea de palabra o de hecho, hacedlo todo en el nombre del Señor Jesús, dando gracias a Dios Padre por medio de él (Colosenses 3:15-17).

Este pasaje me insta a dejar que la Palabra de Cristo more en abundancia en mi corazón. Parafrasee lo que debe hacer con la Palabra.

_____
_____
_____
_____
_____
_____
_____
_____
_____
_____
_____

_____

_____

_____

¿Por qué debe dejar que la Palabra de Cristo more abundantemente en su corazón?

_____

_____

_____

_____

_____

_____

_____

_____

_____

_____

¡Me encanta este pasaje de Colosenses! Me encanta porque me ayuda a *entresacar* los malos pensamientos de mi corazón. El versículo 15 menciona el verbo *gobernar*. Imagine que la paz de Dios es un árbitro que protege sus pensamientos y dice cuál es seguro o dañino. Si dejáramos que la paz de Dios nos gobernara, cambiaría nuestro proceso mental. El árbitro no dejará que nada dañino se arraigue en el corazón. Los pensamientos buenos producirán un fruto abundante. ¡Qué la paz de Dios gobierne su corazón! Así, estará protegida contra la trama del Enemigo.

Recuerde que en la lección de la semana pasada, discutimos que debemos *filtrar nuestros*

pensamientos a través de la Palabra. Si queremos que la paz de Dios gobierne en nuestros corazones, debemos abundar en ella. Cada día filtramos nuestros pensamientos, no a través de la lógica humana, sino de la Palabra de Dios. Ahí está la clave para que destruyamos las fortalezas mentales y mantengamos la paz.

Esta semana, medite en cómo puede mejorar el crecimiento del fruto del Espíritu. Ore por fortaleza y recuerde las instrucciones dadas en Colosenses 3:15-17 y en Filipenses 4:8. Lea el Salmo 19:14 y deje que las palabras de su boca y la meditación del corazón sean gratas para Dios. Repase su lista sobre las cosas amables y dé gracias a Dios. Entresaque sus pensamientos. Poco a poco dejará de sufrir y confiará más en sus promesas.

EL MEDITAR EN LA PALABRA, YA SEA AL LEERLA O ESCUCHANDO MÚSICA QUE ALABA A DIOS, ARRANCARÁ LO MALO Y CULTIVARÁ LO BUENO. DE ESA MANERA, SE ENCAMINARÁ A LA PROMESA Y DERROTARÁ A SU ENEMIGO.

Ahora que hemos analizado la destrucción de las fortalezas y hacer oídos sordos al Enemigo, veamos qué logra una mentalidad correcta. El primer paso a la victoria es que cultive sus pensamientos. Si fija la mirada en el Señor, tendrá una nueva mentalidad. Aparte la mirada de los gigantes y vea a su Dios victorioso. Filtre sus pensamientos en la Palabra y cambiará su enfoque. De esa manera, dejará la senda del temor y la destrucción, para seguir la paz y alabanza. En nuestra próxima lección hablaremos sobre la *senda de la paz y el contentamiento en* nuestro viaje.

Cuarta semana

VERDAD PODEROSA

Cuarta semana
VERDAD PODEROSA
Paz perfecta...¡por favor!

Les dejo un regalo: paz en la mente y en el corazón. Y la paz que yo doy es un regalo que el mundo no puede dar. Así que no se angustien ni tengan miedo (Juan 14:27, NTV).

Jesús fue a preparar una morada eterna en el cielo, también nos dejó su paz. Nos instruye que no nos turbemos. Nos dejó una paz grande y poderosa que sobrepasa el entendimiento humano, calma la tormenta y da descanso. Propóngase vivir en su perfecta paz.

Cuarta semana

ESTUDIO: PAZ PERFECTA...¡POR FAVOR!

Cuarta semana
PAZ PERFECTA...¡POR FAVOR!
Juan 14:27

Volvamos a Josué y Caleb y su fe en la promesa de Dios. En nuestra primera lección, descubrimos que una vida fructífera produce alabanza y que esto conduce a su promesa, paz, poder y provisión. Sus promesas son seguras y confiables. Josué y Caleb entraron en la Tierra Prometida y recibieron sus promesas de Dios. Su Palabra permanece eternamente. Su paz viene sobre nosotras cuando obviamos el dolor, el problema y hasta la opinión que tengamos de nosotras mismas. El mundo no comprende ni es capaz de dar esta paz, sino Jesús porque es el Príncipe de la paz. Su poder está en nosotras y tenemos garantizada su provisión. Sin embargo, debemos permitir que nuestros pensamientos y corazones perseveren en Dios. Así llegaremos a la senda de la paz y la alabanza.

Sus promesas, su paz, poder y provisión, están disponibles en la vida de fruto y alabanza.

Esta semana nos enfocaremos en el precioso fruto de la paz. Éste no tiene precio en este mundo inestable en que vivimos. Y la paz, sin duda, es un fruto que produce una alabanza poderosa en el creyente.

¿Ha sentido sus emociones agitadas? Imagínese que está en el calor de su mayor batalla. La guerra en su mente la ha debilitado y robado de paz y gozo. Está agotada, pero la batalla no ha perdido su intensidad. Necesita un respiro y un lugar para descansar. Ahora, imagine que una amiga viene a invitarla a un lugar que promete un ambiente tranquilo, relajante y

refrescante. Todo libre de costo. Usted aceptará con gusto con tal de darle descanso a su alma y espíritu quebrantado.

Su amiga amable la llevará a un lugar que promete ser un oasis espiritual para su atribulada mente. Usted entra a una habitación hermosa, con música relajante de fondo, alumbrada por velas que crean una atmósfera pacífica. Alguien le recuerda que ya fue pagada la cuenta. Se sienta a la mesa y observa el océano golpeando la orilla. ¡Qué más puede pedir!

Su propio cocinero le trae el menú, donde encuentra algo diferente. El especial de la noche es: *paz perfecta*. Paz que sobrepasa su entendimiento, que satisface, fortalece, nutre y perdura. Y aunque vino a gran costo, la deuda fue pagada hace muchísimo tiempo. El menú indica que tan pronto la pruebe, no querrá otra cosa.

El chef promete que si escoge su oferta, también recibirá la receta para que la disfrute cuando quiera. Siempre la tendrá consigo. Nada le obliga a tomarla, salvo que no existen otras alternativas. La toma o la deja. Parece demasiado bueno para ser verdad. "Paz perfecta". Vuelve a leerlo. *Paz perfecta* a su disposición. Y luego ve la advertencia: considere nuestra oferta; si la rechaza, tendrá que conformarse con un *miedo frustrante*. El miedo destruye su entendimiento, la satisfacción, debilita, priva y perdura. Basta con que acepte la oferta de paz perfecta.

¿Cuál escogerá? ¿Paz o miedo? Repita conmigo: "Paz perfecta, por favor". Es su decisión.

La descripción anterior pudiera sonarle realista o simplista, pero la verdad es que constantemente tenemos que escoger entre *paz* o *miedo*. El miedo proviene del Enemigo. Nace cada vez que vemos al gigante o escuchamos sus susurros. Se fortalece cuando nos enfocamos en nuestros problemas. Negamos el miedo cando aceptamos la paz perfecta de la Biblia.

El Espíritu Santo es el "amigo amable" que nos sale al encuentro para ofrecernos la paz perfecta de Jesús. Él nos ofrece una paz hermosa, vivificante y fortalecedora.

Lea Juan 14:1-3:

> No dejen que el corazón se les llene de angustia; confíen en Dios y confíen también en mí. En el hogar de mi Padre, hay lugar más que suficiente. Si no fuera así, ¿acaso les habría dicho que voy a prepararles un lugar? Cuando todo esté listo, volveré para llevarlos, para que siempre estén conmigo donde yo estoy (NTV).

Un lugar de paz está prometido en nuestro hogar eterno.

En este hermoso pasaje de las Escrituras, Jesús nos dice que no nos turbemos, angustiemos ni agitemos. Su voz disipa la ansiedad y calma las tormentas. La confianza en Cristo produce paz. Me encanta el viejo himno que dice: "Oh, cuán dulce es fiar en Cristo, entregarle todo a él y esperar en sus promesas y en su senda serle fiel". Gloria a Dios por esa letra tan real.

Jesús promete que irá a prepararnos un lugar y que tan pronto llegue el momento indicado, vendrá

a buscarnos para que vivamos en paz eternamente. ¡Qué promesa! ¡Qué esperanza bendita!

Tal vez piense, *"bueno, es un pensamiento maravilloso para la eternidad, pero ¿qué de ahora? ¿Qué hago con las tormentas que ahora estoy enfrentando? ¿Cómo lidio con mi dolor y mis problemas?"*

Echemos un vistazo a Juan 14:27:

> Les dejo un regalo: paz en la mente y en el corazón. Y la paz que yo doy es un regalo que el mundo no puede dar. Así que no se angustien ni tengan miedo (NTV).

En este versículo, Jesús nos hace una promesa maravillosa para el futuro y el presente. Nos dejó su paz para cada día.

Tiene la promesa de un lugar de paz en esta tierra. ¿A qué está refiriéndose Jesús cuando dice, "no como el mundo la da"?

_____
_____
_____
_____
_____
_____
_____
_____
_____
_____
_____
_____
_____

¿Cómo el mundo nos "vende" la paz?

_____

_____

_____

_____

_____

_____

_____

_____

_____

_____

_____

_____

_____

_____

_____

_____

_____

_____

La gente busca la paz a través del empleo, la popularidad, las posesiones, la ambición y sus relaciones personales. Estas cosas no permanecen. La paz será tan pasajera como la fuente.

Jesús nos da la promesa poderosa de su paz como morada. Está disponible para nosotras *ahora*. Está preparándonos un lugar perfecto, pero mientras tanto, nos regala su paz. Nos ordena que no nos turbemos en nuestros corazones. Nos dejó una paz inmensa y poderosa, que sobrepasa el entendimiento humano, calma la tormenta y es un descanso.

Examinemos otro pasaje familiar acerca de la paz:

Por nada estéis angustiados, sino sean conocidas vuestras peticiones delante de Dios en toda oración y ruego, con acción de gracias. Y la paz de Dios, que

sobrepasa todo entendimiento, guardará vuestros corazones y vuestros pensamientos en Cristo Jesús (Filipenses 4:6-7).

¿Por qué este pasaje nos insta a no angustiarnos (preocuparnos)? ¿Será que debemos llevar nuestras peticiones en oración a Cristo? ¿Cuáles son algunas cosas que necesita entregarle al Señor?

_____
_____
_____
_____
_____
_____
_____
_____
_____
_____
_____
_____
_____
_____
_____
_____
_____
_____
_____
_____
_____
_____
_____
_____

Debemos presentarlo todo en oración. Luego, debemos darle gracias. En otras palabras, debemos alabar *antes* de recibir la respuesta (antes de que sea abra el mar Rojo). Este pasaje nos exhorta a que acompañemos las peticiones con alabanza. Como resultado obtendremos la *paz perfecta*, que sobrepasa todo entendimiento. No es comprensible para la mente natural. ¿Cómo estar en paz en medio de sus circunstancias? ¿Cómo regocijarse *antes* de ver su milagro? ¿Cómo contentarse si no ha recibido la respuesta? ¿Cómo dar gracias en la oración? Puede hacerlo porque su Palabra le asegura que Dios se encargará de sus peticiones. Créale. Y una vez más podemos cantar: "Oh, cuán dulce es fiar en Cristo". En esa confianza encontrará la paz perfecta.

Examine de nuevo la lista de las cosas que debe entregarle al Señor.

Ahora, tómese un momento y empiece a alabarlo porque escucha sus peticiones. Alábele por su milagro. Escriba una oración de agradecimiento que demuestre su confianza en la respuesta de Dios.

_____

_____

_____

_____

_____

_____

_____

_____

_____

_____
_____
_____
_____
_____
_____
_____
_____
_____
_____
_____
_____
_____
_____
_____
_____
_____
_____

Como señaláramos anteriormente, la paz no está vinculada con los eventos, las personas, los lugares, el dinero, la salud ni las cosas buenas de la vida. Nace de la confianza en Dios. Usted le pertenece y recibirá su paz a pesar de todo. Su garantía es que todo saldrá bien. Alábelo porque todo saldrá bien.

Analicemos otra promesa de las Escrituras sobre la paz perfecta:

> En aquel día, todos en la tierra de Judá cantarán esta canción: ¡Nuestra ciudad es fuerte! Estamos rodeados por las murallas de la salvación de Dios. Abran las puertas a todos los que son justos; dejen entrar a los fieles. ¡Tú guardarás en perfecta paz a todos los que confían en ti; a todos los que concentran en ti sus pensamientos! Confíen [apóyense, comprométanse, esperen] siempre en

el Señor, porque el Señor Dios es la Roca eterna
(Isaías 26:1-4, NTV).

En este pasaje reconfortante, Dios nos asegura que nos guardará en una paz perfecta, si dejamos que su Espíritu imprima sus características en nosotras. Él se compromete con nosotras en la medida en que nos entregamos. Podemos confiar, esperar, apoyarnos en la Roca.

La paz domina nuestro corazón cuando somos conscientes de lo impresionante y maravilloso que es nuestro Dios. Meditemos en esto. *Léalo en voz alta*: Él es el Alfa y la Omega, el Principio y el Fin, Primero y Postrero, la bella Rosa de Sarón, el Lirio de los valles, Príncipe de la paz, Padre eterno, nuestro Redentor, Mesías, el Gran Yo Soy, nuestro Rey que viene pronto.

ÉL ES NUESTRO DIOS, NUESTRO PADRE, NUESTRA FORTALEZA.

Y conocerlo da paz.
Él es...

Jehová-jiréh	El Señor proveerá (Génesis 22:13-14)
Jehová-nisi	El Señor es mi estandarte (Éxodo 17:8-15)
Jehová-salom	El Señor nuestra paz (Jueces 6:24)
Jehová-roi	El Señor mi pastor (Salmo 23:1)
Jehová-tsideqenu	El Señor nuestra justicia (Jeremías 23:6)

| **Jehová-sama** | El Señor está presente (Ezequiel 48:35) |
| **Jehová-ropeka** | El Señor que sana (Éxodo 15:26) |

Cada vez que se sienta desalentada, recuerde quién es Dios. Su paz preciosa la rodeará. El Enemigo desaparecerá cuando alabe a Dios. Dios habita en las alabanzas de su pueblo y el Enemigo huirá de la presencia de nuestro Rey. Mantenga su pensamiento en Él y estará en paz. Es una promesa maravillosa.

Analicemos nuevamente un versículo de la lección anterior:

> Y la paz de Dios gobierne en vuestros corazones, a la que asimismo fuisteis llamados en un solo cuerpo. Y sed agradecidos. La palabra de Cristo habite en abundancia en vosotros. Enseñaos y exhortaos unos a otros con toda sabiduría. Cantad con gracia en vuestros corazones al Señor, con salmos, himnos y cánticos espirituales. Y todo lo que hacéis, sea de palabra o de hecho, hacedlo todo en el nombre del Señor Jesús, dando gracias a Dios Padre por medio de él (Colosenses 3:15-17).

Deje que la paz de Dios gobierne su corazón. Deje que sea el árbitro que eche fuera los pensamientos negativos, el miedo y la duda. La palabra de Cristo es "segura" y mora en nosotras. Espere los resultados prometidos en este pasaje.

Recuerde la pregunta que ya hemos discutido: ¿*Veo gigantes, uvas o langostas en mi situación*? ¿Cómo veo a los *gigantes* (problemas), las *uvas* (promesas) o *langostas* (mi opinión sobre mí misma) en medio de la crisis? ¿Estoy siguiendo la ruta tomada por Josué y Caleb? ¿Voy de camino a sus promesas, su paz,

poder y provisión? Esas cosas están a mi alcance si le entrego mi vida y permanezco en la paz de Dios.

Esta semana haga una lista de las respuestas a sus oraciones. Tal vez no las ha recibido, pero el agradecimiento revela su fe en Dios. Al hacerlo, estará siguiendo las instrucciones de Filipenses 4:6-7. Está creyendo que Dios se encargará de sus peticiones. Luego, reciba la paz que sobrepasa todo entendimiento. Alabe a Dios: la respuesta está en camino.

La paz verdadera solamente viene a las hijas de Dios. Si tiene una relación con Cristo, andará en su paz. Su vida será un poderoso testimonio para este mundo desesperado. La paz produce una *alabanza poderosa*.

Quinta semana

VERDAD PODEROSA

Quinta semana
VERDAD PODEROSA
El poder de la alabanza

La presencia de Dios cambia los corazones. Donde está el Espíritu del Señor, hay libertad (II Corintios 3:17). Su gloria y gozo llenan a los creyentes que alaban y adoran en armonía. Comprométase a alabar a Dios. Lo merece cada vez que abre el mar Rojo, antes del milagro, durante la tormenta. La alabanza surge espontáneamente cuando miramos al Señor.

«Todo lo que respira alabe al Señor. ¡Aleluya!» (Salmo 150:6, LBA).

¡La alabanza siempre es positiva!

¡La verdadera alabanza siempre calla las voces negativas!

El Salmo 150:6 establece que debemos alabar a Dios.

¡Todo lo que respira alabe al Señor!

Quinta semana

ESTUDIO: EL PODER DE LA ALABANZA

Quinta semana
EL PODER DE LA ALABANZA
Salmo 150

La semana pasada hablamos sobre la *paz perfecta* como el don de Dios para nosotras. Basta con que confiemos en Él. El fruto del Espíritu es la norma para el carácter cristiano. Queremos dar fruto y ser adoradoras. Recuerde que es fácil alabar a Dios después de haber visto la apertura del mar Rojo. Cualquiera lo alaba cuando todo está bien con la salud, los hijos y las hijas, el mundo es maravilloso, tiene dinero en el banco y el amor de su esposo. Levantamos nuestras manos y corazones en agradecimiento. ¡Y qué bien! Debemos dar gracias por las cosas *buenas* que hemos recibido. Claro que Dios merece nuestra gratitud y alabanza. Pero, ¿qué sucede cuando está sumida en el caos?

Las tormentas de la vida están haciendo estragos y no cesa de llover. Los *gigantes* del valle de la preocupación empiezan a llamarla. Recuerde que debemos *mantener la mirada en Cristo*, el Dador de la paz. Tenemos que derribar las fortalezas y pensar en las cosas de Dios. Tenemos que escuchar, leer y aplicar la Palabra, el *filtro para nuestros pensamientos*. Luego nos encontramos con que la alabanza no depende de nuestras circunstancias. Aplicamos los principios de su preciosa Palabra y *cultivamos* el fruto en nuestros corazones. Nuestra adoración es poderosa porque conocemos a Dios.

La alabanza no depende de las cosas que recibimos, sino del carácter de Dios. Veamos este pasaje bíblico:

Cantad alabanzas a Dios, cantad alabanzas; cantad alabanzas a nuestro Rey, cantad alabanzas. Porque Dios es Rey de toda la tierra; cantad alabanzas con armonioso salmo (Salmos 47:6-7, LBA).

¿Qué significa "cantar y alabar con el entendimiento"?

_____
_____
_____
_____
_____
_____
_____
_____
_____
_____
_____
_____
_____
_____
_____
_____
_____
_____
_____
_____

Recuerde que la alabanza es poderosa porque conmueve el cielo. Dios habita en las alabanzas de su pueblo. Entonces, la alabanza hace que seamos conscientes de su presencia. Dios se mueve cuando levantamos manos sinceras y corazones agradecidos.

Su corazón se conmueve cuando lo alabamos con el *entendimiento* y reverencia.

¿Recuerda alguna vez en que adoró a Dios en medio del desierto o del valle de la preocupación?

Algunas de mis experiencias más preciadas ocurrieron en medio de una gran angustia. Meditaba en su fidelidad y empezaba a alabarle con "mi entendimiento". Siempre manifestó su presencia. Jesús es verdaderamente nuestro pronto auxilio en la tribulación. Dios es movido a misericordia y ministra a nuestras necesidades. Consuela a las quebrantadas y afligidas.

Escríbale un mensaje de amor a Dios, lleno de alabanza, adoración y gratitud. No presente sus peticiones. Alábale con el entendimiento. Exprésele su amor.

***¿Sintió la dulce presencia de Dios cuando le
expresó su amor y alabanza?***

La presencia de Dios cambia los corazones de los
creyentes: «El Señor es el Espíritu; y donde está el
Espíritu del Señor, allí hay libertad» (II Corintios
3:17). Su gloria y gozo llenan a los creyentes que
alaban y adoran juntos y en armonía.

En las lecciones anteriores, hemos aplicado los
versículos que nos ayudarán a llevar un buen fruto. Ese
fruto nos dará un mayor entendimiento y profundizará
nuestra relación con Dios. Como resultado, podrá
alabarlo espontáneamente. Conocerlo es amarlo y
amarlo es adorarlo.

Quiero discutir algunos de los pasajes más
poderosos sobre el significado y los métodos de la
alabanza. Examinemos algunas verdades sobre la
manera en que debemos adorar en una atmósfera
pentecostal.

Los Salmos son el lugar perfecto para entender la
alabanza y adoración. Muchos son de la autoría de
David, un verdadero adorador. El Salmo 1 establece
el fundamento. Entre el primer y el último salmo hay
una gama de valles y cumbres. David soportó muchas
dificultades, victorias y derrotas agonizantes, pero no
dejó de alabar a Dios. El último Salmo termina con
estas palabras: «Todo lo que respira alabe al Señor.
¡Aleluya!» (Salmo 150:6, LBA).

***El Salmo 150:6 establece que debemos
alabar a Dios.***

¡Todo lo que respira alabe al Señor!

Tengamos presentes que en los Salmos, cada referencia a la alabanza, proviene de una palabra distinta en el hebreo. A continuación veamos siete de las raíces hebreas para este concepto y sus significados.

Yadah   *extender sus manos en adoración.*

Todah   *levantar sus manos en adoración y aceptación.*

Halal   *celebrar, alegría y danza.*

Shabach   *gritar de júbilo.*

Barak   *arrodillarse en adoración.*

Zamar   *adorar con instrumentos musicales.*

Tehillah   *entonar cánticos de alabanza.*

¿Sirven estas palabras hebreas para que entienda la espontaneidad del culto pentecostal?

Explique brevemente sus pensamientos.

_____
_____
_____
_____
_____
_____
_____
_____
_____
_____

_____

_____

_____

_____

_____

_____

_____

_____

_____

_____

_____

_____

_____

_____

_____

Los Salmos están repletos de alabanza y adoración. Veamos algunos ejemplos (el hebreo está insertado entre corchetes):

> Mi corazón, Dios, está dispuesto; cantaré [zamar] y entonaré [yadah] salmos; ésta es mi gloria. ¡Despiértate, salterio y arpa; despertaré al alba! Te alabaré [tehillah], Jehová, entre los pueblos; a ti cantaré salmos entre las naciones (108:1-3).

> Cada día te bendeciré y alabaré [halal] tu nombre eternamente y para siempre. Grande es Jehová y digno de suprema alabanza [halal]; su grandeza es insondable. Generación a generación celebrará [shabach] tus obras y anunciará tus poderosos hechos (145:2-4).

> ¡Te alaben [yadah], Jehová, todas tus obras, y tus santos te bendigan! (145:10).

> Sacrifica [todah]; a Dios alabanza y paga tus votos al Altísimo (50:14).

> Venid, adoremos y postrémonos; arrodillémonos [barak] delante de Jehová, nuestro hacedor (95:6).

Estas formas de adoración son poderosas y necesarias. Cada una tiene su lugar en la alabanza ofrecida a Dios. Pero quiero detenerme en *tehillah*, que significa 'entonar un cántico de alabanza'. Dios ama nuestros cánticos. Lea este versículo: «Pero tú eres santo, tú que habitas entre las alabanzas [*tehillah*] de Israel» (22:3).

¿Acaso no es maravilloso que Dios habite en nuestros cánticos? Con razón nuestros antepasados empezaban el servicio con canciones de alabanza. Siempre me han gustado los himnos del ayer. Me siento animada cuando oigo y canto la música de alabanza y adoración. El culto pentecostal casi siempre empieza con canciones que invitan a la presencia de Dios. La música es una parte vital de nuestras iglesias y vidas. Hemos aprendido que así llegamos a un nivel más profundo de la presencia de Dios. Él mora en nuestras alabanzas y disfruta las canciones. Así lo entronamos en el servicio y en la casa o el auto, dondequiera que cantemos sus alabanzas. Y a los pentecostales nos *deleita* cantar.

Escriba la letra de una alabanza que haya sido un gran consuelo en momentos de tristeza.

_____

_____

_____

_____

_____
_____
_____
_____
_____
_____
_____
_____
_____
_____
_____

Haga una lista de las canciones o los himnos que
hablan del amor de Dios.

_____
_____
_____
_____
_____
_____
_____
_____
_____
_____
_____
_____
_____
_____
_____
_____
_____
_____
_____

¿Cuándo debemos cantar?

Veamos qué dice la Biblia.

En el capítulo 20 del Segundo Libro de las Crónicas encontramos una historia muy conocida. El rey Josafat y el pueblo de Judá estaban siendo amenazados por sus enemigos. En su temor, el rey buscó al Señor. Después de escucharlo, instruyó a los cantores a que fueran *delante* del ejército. Envió al coro al frente de los guerreros. Era una táctica extraña, sobre todo si llevabas puesta la toga del coro. Pero Josafat sabía que Dios habitaba en las alabanzas de su pueblo y ganó la batalla sin tener que mover una mano, porque Dios se hizo cargo.

¿Cuándo debemos cantar? ¡Antes de la batalla!

> Después de consultar con el pueblo, puso a algunos que, vestidos de ornamentos sagrados, cantaran y alabaran a Jehová mientras salía la gente armada, y que dijeran: «Glorificad a Jehová, porque su misericordia es para siempre». Cuando comenzaron a entonar cantos de alabanza, Jehová puso emboscadas contra los hijos de Amón, de Moab y de los montes de Seir que venían contra Judá, y se mataron los unos a los otros (II Crónicas 20:21-22).

Analicemos otra historia que hemos escuchado muchas veces. Hechos 16 narra la increíble liberación de Pablo y Silas, quienes mientras se encontraban golpeados y encadenados en la cárcel, empezaron a cantar.

¿Cuándo debemos cantar? ¡Durante la batalla!

Pero a medianoche, orando Pablo y Silas, cantaban himnos a Dios; y los presos los oían (v. 25).

Una vez más, Dios se manifestó de una manera poderosa. Vino y habitó en sus alabanzas.

Entonces sobrevino de repente un gran terremoto, de tal manera que los cimientos de la cárcel se sacudían; y al instante se abrieron todas las puertas, y las cadenas de todos se soltaron (v. 26).

¿Cuándo debemos cantar? ¡Después de la batalla!

Volvamos a la historia de María que discutimos al principio de nuestro estudio bíblico. Dios le dio la victoria a Israel cuando destruyó al faraón y sus ejércitos en el mar Rojo. Entonces, María dirigió a las mujeres en un canto de alabanza y adoración:

Entonces María, la profetisa, hermana de Aarón, tomó un pandero en su mano, y todas las mujeres salieron detrás de ella con panderos y danzas. Y María repetía: «Cantad a Jehová, porque se ha cubierto de gloria; ha echado en el mar al caballo y al jinete» (Éxodo 15:20-21).

¿Por qué es importante que siempre tengamos una canción de alabanza en nuestro corazón?

_____

_____

_____

_____

_____

_____

_____

Bendeciré a Jehová en todo tiempo; su alabanza [tehillah] estará de continuo en mi boca (Salmo 34:1).

Alabado sea el Señor. Su alabanza de continuo estará en mi corazón. El cantar sus alabanzas es un testimonio de mi amor y una invitación a que intervenga en mis circunstancias.

CANTARÉ ANTES, DURANTE Y DESPUÉS DE LA BATALLA.

Recuerde, algunas veces tendrá que degustar el fruto del Espíritu para soportar la prueba. Un poco de paciencia, mansedumbre, amor y una canción dulce la llevarán al descanso de la *presencia* del Señor. ¡Cante que Él habita en la alabanza!

REPITA CONMIGO: "VOY A CANTAR EN EL VALLE OSCURO".

Durante la semana, medite en lo siguiente. Como pentecostales sabemos "movernos" con la alabanza. Enfatizamos la libertad para alabar a Dios. ¿Pero habremos olvidado algo? ¿Será que por defender nuestro derecho a *alabar* hemos olvidado la *adoración*? La alabanza es maravillosa. Es un acto espontáneo en nuestros servicios. La alabanza verdadera conduce a la adoración de corazón. Esto solamente es posible cuando tenemos una relación íntima con Dios. También, es producto del fruto del Espíritu que cultivamos en nuestras vidas. La Palabra de Dios lo nutre, protege y hace que crezca.

En su diario, dé gracias por la libertad que ha recibido para adorar a Jesús. Nunca olvide sus razones para alabarlo.

Dios es digno de nuestra alabanza. Todo lo que respire, alabe al Señor.

¿Qué hora es? Es hora de cantar.

Hemos recibido la libertad para alabar a Dios. Debemos protegerla y apreciarla en nuestras iglesias. Comprométase a alabar a Dios. Lo merece cada vez que abre el mar Rojo, antes del milagro, durante la tormenta. La alabanza surge espontáneamente cuando miramos al Señor.

Nunca rompa el espíritu de la alabanza.
Propóngase: "Alabaré a Dios antes de que abra el Mar Rojo".

Sexta semana

VERDAD PODEROSA

Sexta semana
VERDAD PODEROSA
No soy una langosta

Dios está al tanto de cada instante de mi día. Recoge mis lágrimas, cuenta mis pasos, los cabellos de mi cabeza, mis alegrías y mi tristeza. Todo le interesa. Tengo por cierto que cuida de mí. Habito bajo la sombra del Altísimo y el Enemigo no puede tocarme. Dios tiene un plan y un propósito para mi vida. Estoy cubierta por la preciosa sangre de Jesús. El Espíritu Santo mora en mí y estoy sobre la Roca inconmovible. *¡No soy una langosta!* Soy más que vencedora en Jesucristo.

Memorice el siguiente versículo y guárdelo en su corazón. Recuerde que mayor es el que está en usted y vencerá a los gigantes.

Hijitos, vosotros sois de Dios y los habéis vencido, porque mayor es el que está en vosotros que el que está en el mundo (I Juan 4:4).

Sexta semana

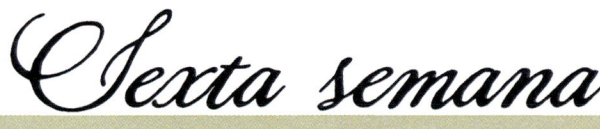

ESTUDIO: NO SOY UNA LANGOSTA

Sexta semana
NO SOY UNA LANGOSTA
I Juan 4:4

A lo largo de este estudio hemos discutido que debemos *mantener la mirada en Dios y filtrar nuestros pensamientos*. En nuestra lección final, analizaremos cómo *pelear la buena batalla* con el concepto apropiado de nosotras mismas y *acabar bien*.

La semana pasada hablamos sobre el *poder de la alabanza*. Estudiamos varios versículos sobre la manera en que la alabanza hace que Dios intervenga en nuestras batallas. El Señor habita en nuestros cánticos y espanta al Enemigo. De modo que la *buena batalla* ocurre por medio de la alabanza. Sin embargo, para salir del valle de la preocupación y derribar a los gigantes, tenemos que superar el complejo de langosta. No puedo aceptar la opinión del Enemigo; ¡tengo que creerle a Dios!

Hemos hablado sobre la importancia de fijar la *mirada* en Dios, en vez de los problemas. También sobre *entresacar* y *cultivar* buenos pensamientos por medio de la Palabra. A esto le añadimos el *poder* de nuestra *alabanza*.

En esta lección, ¡hablaremos sobre la autoestima!

Analizaremos el "complejo de la langosta". Lea Números 13:33 y vea la mentalidad de los diez espías que dudaron de Dios: «También vimos allí gigantes [*el problema*]…éramos, a nuestro parecer, como langostas [*se veían como víctimas, no como*

vencedores; como debiluchos en lugar de guerreros], y así les parecíamos a ellos». Recuerde que son los mismos espías que declararon en Números 13:27: «Nosotros llegamos a la tierra a la cual nos enviaste, la que *ciertamente fluye leche y miel; éstos son sus frutos*». Pero en lugar de ver la provisión y acordarse del poder y las promesas de Dios, se llenaron de miedo. Proverbios 23:7 nos dice que el hombre actúa como piensa. Debemos revisar la opinión que tengamos de nosotras mismas!

¡Los espías dudaron de su identidad en Dios!

¡Tenemos que superar el complejo de langosta! ¿Se acuerdan de los gigantes del valle de la preocupación? Su plan es hacer que dudemos de Dios. Quieren que nos enfoquemos en el problema en vez de la promesa y el poder de Dios. El espíritu demoníaco que ha sido enviado a distraerla sabe cuáles son los "botones carnales" que la llenarán de miedo. ¿Cómo obtuvo *mi gigante* tanta información personal? Me oyó *confesando* mis faltas, errores y temores y tomó nota!

> En la lengua hay poder de vida y muerte; quienes la aman comerán de su fruto (Proverbios 18:21, NVI).

¿Se acuerda que cuando niñas cantábamos un coro que decía: "cuidado con lo que dices"? Muchas veces confesamos muerte sobre nuestras situaciones. Damos voz a nuestros temores y fracasos, sin saber que serán usados en nuestra contra en la guerra espiritual. Nuestro gigante, ese espíritu demoníaco, está tratando de derrotarnos, devorarnos y alejarnos del propósito, las promesas y el plan de Dios. Este

espíritu hará que hablemos cosas negativas para que sigamos cautivas en las fortalezas de nuestras mentes: «Sed sobrios y velad, porque vuestro adversario el diablo, como león rugiente, anda alrededor buscando a quien devorar» (I Pedro 5:8).

Hay muchos gigantes en el valle de la preocupación. Sus nombres varían, pero su misión no cambia. Uno se llama *inseguridad*, otro *orgullo*, otro *implacable* y *condenación*. ¡No olvidemos al gigante llamado *vergüenza*! Viene con su crueldad a lanzarnos sus dagas directo al corazón. Piense también en los gigantes de la *deuda* y la *dilación*. La mantienen atada a sus circunstancias, abrumada con tareas y responsabilidades. Todas hemos peleado con la *culpa* de las cosas que no han salido bien. Esa pesadez impide que venzamos.

Estos gigantes vienen a susurrarnos: *Nunca lograrás algo. No eres talentosa. No vales. No debiste haber nacido. Jamás lograrás algo. Si conocieran tu pasado, nadie te aceptaría como amiga. Dios nunca volverá a usarte. Nadie confiará en ti cuando te conozcan de verdad.*

Tal vez le dicen: *No tienes que perdonarlos, ¡mira como te trataron! Si supieran que son malos, no esperarían que los perdonaras. Nunca superarás ese dolor. Nunca saldrás de este enredo.*

¿Y qué me dice del clásico comentario: *es tu culpa, bueno que te pase*? La lista sigue…pero usted entiende. Estos pensamientos son distracciones para que no llegue a su Tierra Prometida, propósito y las promesas de Dios!

¿Quién es su gigante y por qué? Quizá tenga más de uno. Nómbrelos.

_____

_____

_____

_____

_____

_____

_____

_____

_____

_____

_____

_____

Los gigantes del valle no quieren que alcance las promesas de Dios. Quieren mantener los problemas de frente, que aleje la vista de Dios. Sus distracciones mortales *impiden que vea* la herencia que ha recibido de parte de Dios. Quieren despojarla del propósito y el plan poderoso de Dios. Quieren desanimarla, desesperarla, desalentarla y destronar al Rey de reyes. Si el Enemigo lograse que el problema fuera más grande que Dios, pudiera destronar a Jesús de su corazón. Ha dejado que su gigante construya una fortaleza y remueva a Jesús.

¿Qué dicen los gigantes?

_____

_____

_____

_____

_____

¡Ahora debe enfrentarse a los gigantes!

¿Está preparada? ¡Hagámoslo!

El Diablo es el padre de las mentiras y batalla contra nuestras mentes. Tal vez usted dice: "Sé hacerme cargo de sus mentiras, pero no de los hechos".

¡Los gigantes presentan algunos hechos que caen ante la Verdad!

Echemos un vistazo a la Verdad versus los hechos.

Los hechos no son sinónimo de la Verdad. El hecho es: "Estoy arruinada". La Verdad dice: "Mi Dios suplirá todas las cosas". El hecho: "Estoy enferma". La Verdad dice: "Por sus llagas he sido curada". El hecho: "Mi hijo está perdido". La Verdad dice: "Yo y mi casa serviremos al Señor". El hecho: "Estoy derrotada". La Verdad dice: "Ninguna arma forjada prosperará en mi contra". El hecho: "Soy insignificante". La Verdad dice: "Soy real sacerdocio, nación escogida". El hecho: "Soy débil". La Verdad

dice: "Mayor es el que está en mí que el que está en el mundo".

Anote algunos de los hechos que le han preocupado o entristecido.

_____
_____
_____
_____
_____
_____
_____
_____
_____
_____

Ahora, ¡contrarréstelos con la Verdad!

Escriba la Verdad que la fortalecerá para que maneje los hechos!

_____
_____
_____
_____
_____
_____
_____
_____
_____
_____
_____
_____

Siempre debemos hablar la Verdad.

La Verdad siempre reemplaza a los hechos.

Nuestro hijo mayor, Joel, estaba una vez sentado a mi lado en la iglesia, cuando el predicador nos dijo que buscáramos el libro de Lamentaciones. Él tenía su Biblia y estaba tratando de encontrarlo. Entonces me la puso en las manos y me dijo: "Mamá, búscame limitaciones". Sonreí y le dije: "Joel, en la Biblia no existen las limitaciones. El predicador dijo 'Lamentaciones'". Lo busqué y le pasé la Biblia. Recuerdo que sentí la dulce voz del Espíritu Santo: "Rhonda, nunca olvides que en este libro no hay limitaciones". Esa *verdad* me ha sostenido desde entonces. No me limito por los datos ni la supuesta sabiduría del hombre. ¡Si vive por la Palabra, no tendrá *limitaciones* y la *Verdad* siempre reemplazará los *hechos*!

> ¡Sean gratos los dichos de mi boca y la meditación de mi corazón delante de ti, Jehová, roca mía y redentor mío! (Salmo 19:14).

Medite en el versículo anterior: «¡Sean gratos los dichos de mi boca y la meditación de mi corazón delante de ti, Jehová, roca mía y redentor mío!». *Dios ve mis pensamientos*. Guarde su mente y su corazón. Sus pensamientos se convertirán finalmente a las palabras. Un día sus pensamientos *saldrán* de su boca. Una vez oí a un evangelista que dijo: "Si está en el pozo, ¡lo verá en el cubo!". ¡Sean gratos los dichos de mi boca y la meditación de mi corazón delante de ti, Jehová, roca mía y redentor mío!

Nuestras palabras son poderosas. Acuérdese de Proverbios 18:21: «La muerte y la vida están en

poder de la lengua; el que la ama, comerá de sus frutos». ¿Habla vida o muerte? ¿Verdad o hechos? Acuérdese de esto cuando converse con sus amigas, familiares y compañeros en el trabajo y la iglesia. Trátelos como le gustaría ser tratada. Una palabra de aliento da vida, gozo y fuerza, que son como el combustible para este viaje y la batalla. No hiera ni destruya con sus palabras. Las palabras duras pueden destruir a una guerrera cansada o herida. *¡No hable de los gigantes!*

Somos embajadoras de Cristo, sus manos que tocan con Verdad y vida a los que nos rodean. Ore y bendiga a sus líderes. Use la sabiduría de Dios para guiar a otras. Esto hará la diferencia en su viaje. Nunca cite a los gigantes. Hable como Josué y Caleb. Entre a su tierra y ayude a otros a llegar a la suya.

NUESTRAS PALABRAS PUEDEN RESTAURAR O DESTRUIR. ANIME A LA GENTE. QUIZÁ SEA EL INSTRUMENTO DE LA GRACIA PARA UNA PERSONA NECESITADA.

No empleen un lenguaje grosero ni ofensivo. Que todo lo que digan sea bueno y útil, a fin de que sus palabras resulten de estímulo para quienes las oigan (Efesios 4:29, NTV).

Tal vez usted ha vivido la guerra espiritual. Ha caminado en el valle de la desesperación. Ha sentido en su alma el cansancio y la sed de la batalla. Sabe que el Enemigo tratará de matarla, robarle y destruirla (Juan 10:10). Quiere dejarla sin alabanza, alegría y fuerza para que esté más vulnerable a sus ataques. Se ha sentido sola y aislada. Su gigante la ha convencido con sus informes negativos. Se ha sentido abandonada por su gente de confianza. Se ha sentido al borde de la muerte en el desierto y la tormenta. Pero en ese momento alguien le trajo una palabra adecuada. Así cobró fuerzas para la batalla y siguió su camino con gozo.

A veces necesita que la animen; otras veces, es la animadora. Recuerde que la palabra oportuna calma el alma y las emociones. ¡Sea amable en su trato con los demás y consigo misma!

Repita conmigo: "No soy una langosta".

Dígale a su vecina: "No eres una langosta".

...que estamos atribulados en todo, pero no angustiados; en apuros, pero no desesperados; perseguidos, pero no desamparados; derribados, pero no destruidos (II Corintios 4:8-9).

Me encantan estos versículos. No tenemos que angustiarnos por los problemas. Tal vez tengamos días (o estaciones) de apuros, pero no estamos desesperadas. Nos persiguen, pero no estamos solas. Las circunstancias nos derriban, pero no seremos destruidas. ¿Por qué? ¡Somos propiedad de Dios! *Nunca* nos dejará. Dios ama y protege a sus hijas.

Aquí he incluido algunos de mis versículos favoritos sobre el cuidado de Jesús.

¡Dios es tan personal que conoce cada paso que doy y recoge mis lágrimas!

Tú llevas la cuenta de todas mis angustias y has juntado todas mis lágrimas en tu frasco; has registrado cada una de ellas en tu libro (Salmo 56:8, NTV).

¡Soy tan especial para Dios que conoce los cabellos de mi cabeza!

Pues bien, aun vuestros cabellos están todos contados (Mateo 10:30).

¡Mis oraciones son tan especiales que son como incienso para Dios!

Que suba a tu presencia mi plegaria como una ofrenda de incienso; que hacia ti se eleven mis manos como un sacrificio vespertino (Salmo 141:2, NVI).

¡Dios tiene planes de paz para mí!

Pues yo sé los planes que tengo para ustedes, dice el Señor. Son planes para lo bueno y no para lo malo, para darles un futuro y una esperanza (Jeremías 29:11, NTV).

Cuando el enemigo (su gigante) la trate como una langosta, recuérdele: "Dios está al tanto de cada instante de mi día. Recoge mis lágrimas, cuenta mis pasos, los cabellos de mi cabeza, mis alegrías y mi tristeza. Todo le interesa. Tengo por cierto que cuida de mí. Habito bajo la sombra del Altísimo y el Enemigo no puede tocarme. Dios tiene un plan y un propósito para mi vida. Estoy cubierta por la preciosa sangre de Jesús. El Espíritu Santo mora en mí y estoy

sobre la Roca inconmovible. No me hundiré. Aunque un ejército acampe contra mí, mi nombre está escrito en Libro de la Vida del Cordero. Si me atacas, tendrás que vértelas con mi Padre celestial. Ninguna arma forjada contra mí, prosperará".

¡NO SOY UNA LANGOSTA!

¡Soy más que vencedora en Cristo!

¿Se siente mejor?

Hay tantos versículos que nos recuerdan nuestra identidad y el poder que obra en nosotras gracias a nuestra relación con Cristo. Si el gigante viene a tratarla como débil e impotente, recuérdele ese pasaje:

> Hijitos, vosotros sois de Dios y los habéis vencido, porque mayor es el que está en vosotros que el que está en el mundo (I Juan 4:4).

¿Por qué este versículo la hace sentirse superior a una langosta a los ojos del Enemigo?

_____
_____
_____
_____
_____
_____
_____

_____

_____

_____

_____

_____

_____

_____

¡Gloria a Dios! Soy más que vencedora en Jesús y mayor es el que está en mí que él que está en el mundo.

Todo lo puedo en Cristo que me fortalece (Filipenses 4:13).

De acuerdo con este versículo, ¿habrá algún límite para la obra de Dios en usted? ¿Qué puede hacer en Cristo? Haga una lista de las cosas que Jesús quiere hacer en usted.

_____

_____

_____

_____

_____

_____

_____

_____

_____

_____

_____

_____

_____

Este versículo basta para desmentir al Enemigo. ¡*Todo* lo puedo (no solamente algunas cosas, sino *todas las cosas*) en Cristo que me fortalece!

¡*Repítalo en voz alta!*

"Soy más que vencedora en Cristo. Todo el tiempo me fortalezco en Él. Soy victoriosa a través de la sangre de Jesús. Su poder obra en mí para que venza los planes del Enemigo. Nunca seré una langosta porque estoy decidida a derribar las fortalezas edificadas en mente. Mayor es el que está en mí que él que está en el mundo. Seguiré adelante y entraré a mi Tierra Prometida. *¡Voy a alabarle a cada paso del camino hasta que llegue!*".

Escriba una oración de agradecimiento por su cambio de perspectiva y autoestima.

¡Ya no sufrirá del complejo de la langosta! Estoy sana espiritual y emocionalmente a través del poder de Jesucristo.

Esta semana propóngase en su diario que seguirá adelante en la fe, porque el Señor ha ordenado sus pasos. Su destino está claro. Llegará a la Tierra Prometida. Su propósito es poderoso. Dios tiene un plan maravilloso para su vida. Créalo.

Fije la mirada en Dios.

Filtre sus pensamientos.

Pelee la buena batalla.

¡Acabe bien!

Conclusión

Nuestro hijo, Jonathan, fue un excelente atleta de pista y campo en la escuela secundaria. Pero recuerdo que el entrenador solía decirle que cada paso era importante para el resultado de la carrera. Era importante que velara cómo empezaba la carrera. El entrenador decía que cada paso determinaba el final. Tenía que mantenerse enfocado y determinado en la meta. No podían distraerse con los otros corredores. Tenía que mantener la mirada en la meta y acabar bien. *¡La carrera empezaba y "acababa" desde la salida!*

Empezamos a finalizar la carrera cuando decidimos seguir a Jesús. Cada paso del viaje es importante. Debemos correr en comunión con el Señor y nuestros hermanos y hermanas. Dios quiere que disfrutemos la ruta hacia las promesas, que experimentemos su dulce paz cada día. Tenemos que disfrutar la carrera hasta el final.

Entretanto, hagamos la diferencia en las vidas que nos rodean. Seamos como Josué y Caleb. Enfoquémonos en el informe y la Palabra del Señor. Llevemos *fruto* y no estemos *malhumoradas*. Vivamos en *adoración* en lugar de la *preocupación*. *Entresaquemos* lo malo y *cultivemos* pensamientos buenos. Agarrémonos de su *paz perfecta*. Vivamos dando gracias y alabando en nuestros corazones. Siempre tengamos presente quienes somos en Cristo.

Si aplica estas verdades sencillas, terminará bien y disfrutará la carrera. Otras personas estarán agradecidas de haberla conocido a lo largo del

camino. Sus alabanzas y el fruto del Espíritu la fortalecerán a usted y a sus compañeras de viaje.

Si vive con alabanza y dando fruto, encontrará el contentamiento y será una bendición.

No olvide: ¡Alabe a Dios antes de que se abra el Mar Rojo!

SF 86T9